UN TIEMPO PROPIO

PROYECTO FOTOGRÁFICO
DE
GABRIELLA NAPOLITANO

UN TIEMPO PROPIO

Las fotografías del proyecto exprimen el impulso de las mujeres de escapar de los límites impuestos por la sociedad y a menudo de ellas mismas.

Conciliar los tiempos de las mujeres con los ritmos modernos que marcan su vida laboral, familiar y personal en una hazaña desalentadora y a menudo imposible. Tener tiempo significa poder escoger, de esta manera el poseer tiempo se convierte en "poseer poder"... ¡un superpoder!

Las superheroínas escapan de los cómics, de los libros, así como de los roles sexuales y masculinos que frecuentemente se les atribuye en estos contextos, para reelaborar nuevos superpoderes y convertirlos en "obra política" dentro de la realidad histórico-política.

Existe la necesidad, parafraseando a Virginia Woolf, de conquistar "Un tiempo propio". Para "entrar en el juego" es necesario disponer de tiempo.

Se es libre cuando se concurre en el acto de cambiar, releer, reinventar las reglas de nuestra vida. La participación política de las mujeres puede y debe contribuir al desarrollo de nuevas reglas y nuevas relaciones en el mundo entre personas.

Reinventando acciones y lenguajes, la "superheroína" no se ve ya como un sucedáneo del superhéroe masculino sino que inicia a representar la "fuerza de una nueva acción política de las mujeres" en la sociedad.

GABRIELLA NAPOLITANO

UN TEMPO TUTTO PER SE'

Le fotografie del progetto esprimono lo slancio delle donne di scappare dai limiti imposti dalla societa' e spesso da loro stesse.

Conciliare i tempi delle donne con i ritmi moderni che scandicono la vita lavorativa, familiare, personale e' un impresa avvilente e spesso impossibile, avere tempo significa poter scegliere, quindi il possedere tempo diviene un "possedere un potere"... ¡un superpotere!

Le supereroine fuggono dai fumetti, dai libri, cosi come dai ruoli sexuali e mascolini che normalmente le si attribuiscono in questi contesti, per rielaborare nuovi superpoteri e convertirli in "agire politico" dentro la realta' storico/politica.

L'appello o la provocazione che pretende comunicare il progetto fotografico si riassume nella seguente frase:liberta' e' partecipazione!

Si ha bisogno, parafrasando la Woolf, di conquistarsi un "un tempo tutto per se'"; Per "entrare in gioco" si ha bisogno di tempo! si e' liberi quando si concorre nell atto di cambiare, rileggere reinventare le regole del nostro mondo. La partecipazione poltica delle donne puo' e deve contribuire allo sviluppo di nuove regole e nuovi rapporti nel modo e tra le persone.

Rinventando azioni e linguaggi la "supereroina" non viene piu' vista come surrogato del supereroe maschio ma inizia a rappresentare la "forza di una nuova azione politica delle donne" nella societa'.

GABRIELLA NAPOLITANO

UN TIEMPO PROPIO

PARAD EL TIEMPO, QUIERO BAJAR

"Es hora
de acomete
un cambio

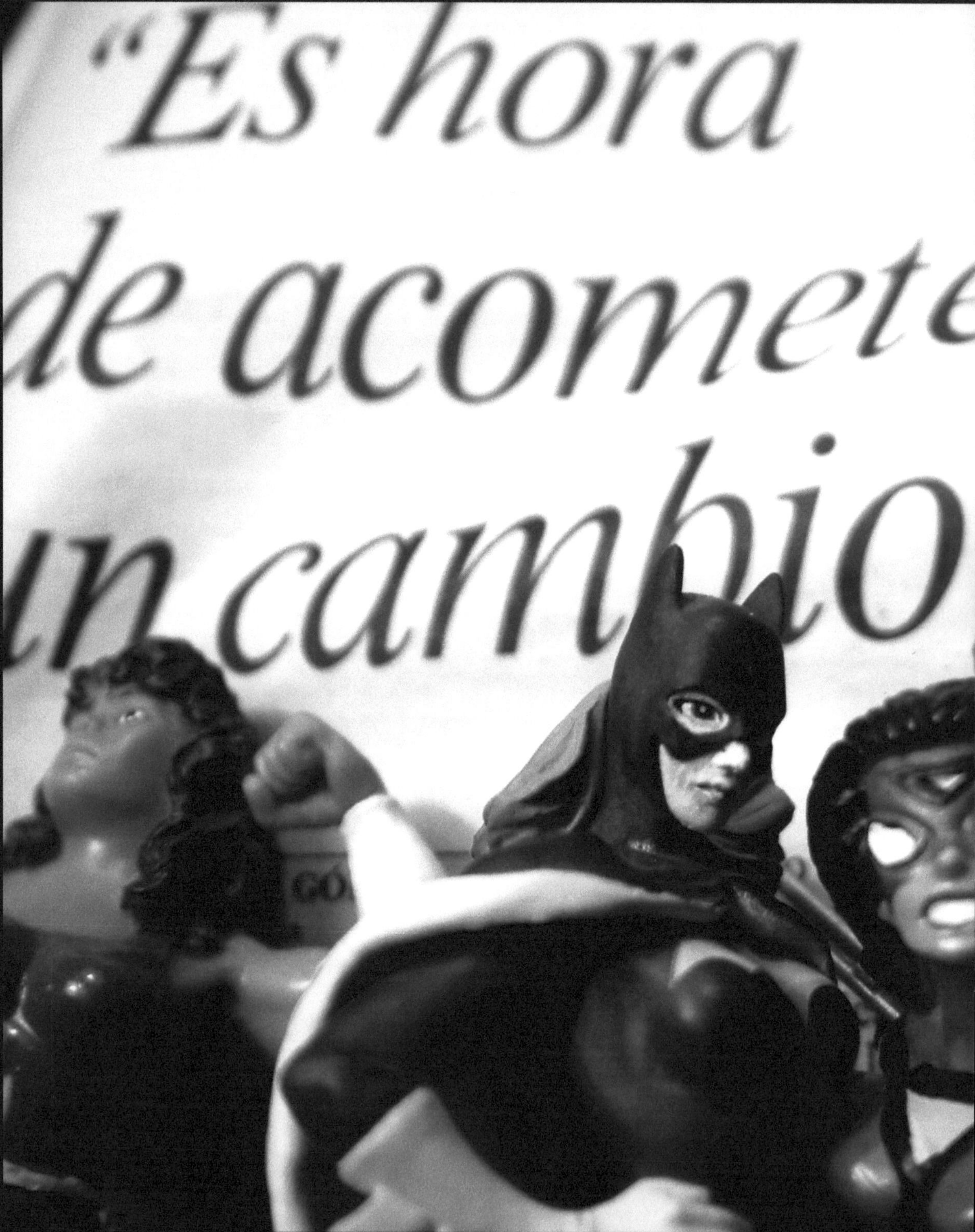

Guerra ideológica

EL CUERPO

EL TERCER SEXO

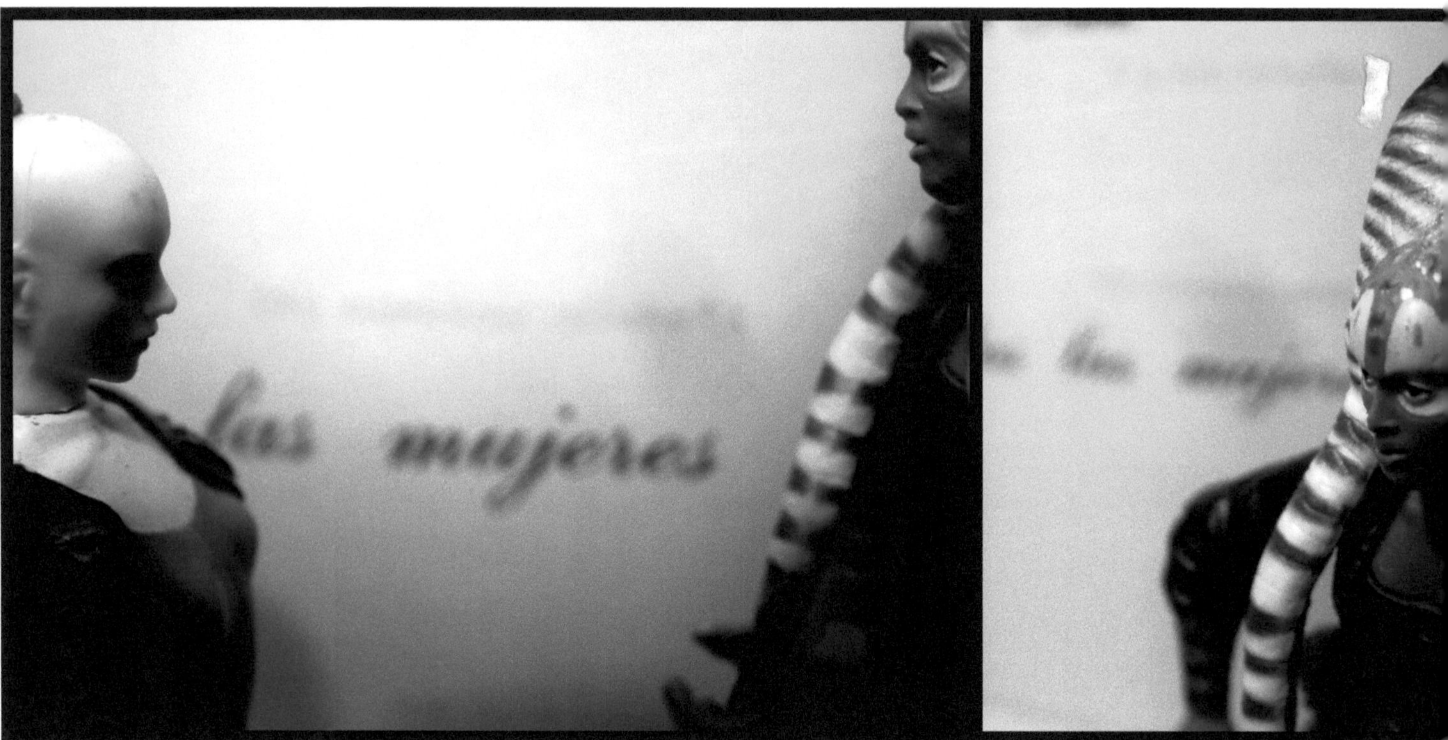
las mujeres
las mujeres

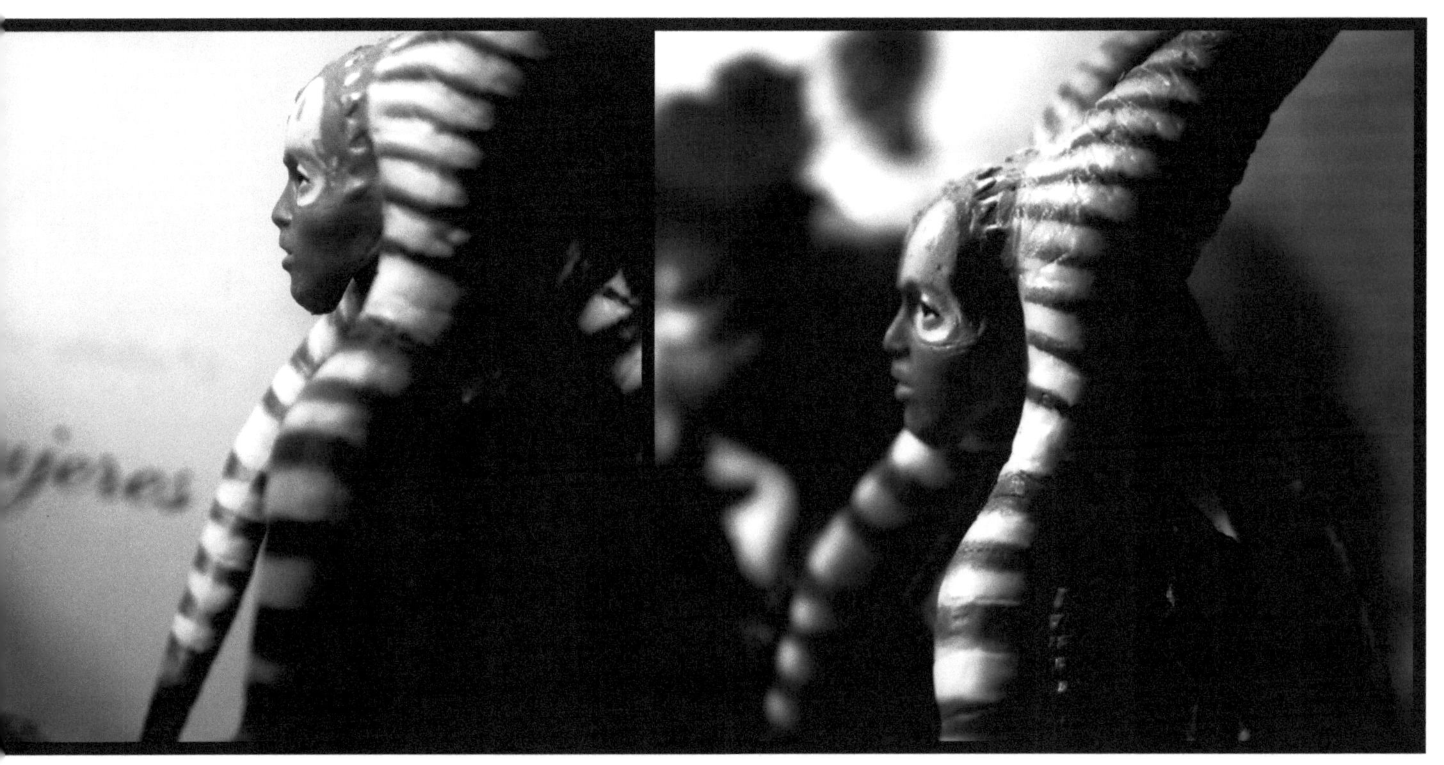
ujeres

Entre todas las mujere

EL MILAGRO

PERTENENCIA Y APARICIÓN

LA MILAGROSA

LA VOZ

PEACH
FOR
CRII

MADRE PAZ

ND
HE!
AR.
R NOW!

END THE WAR

amor

MOVILIZACIÓN CONT
amor antiguerra e
tud se manifiesta para pedir el f

ANTIGUERRA

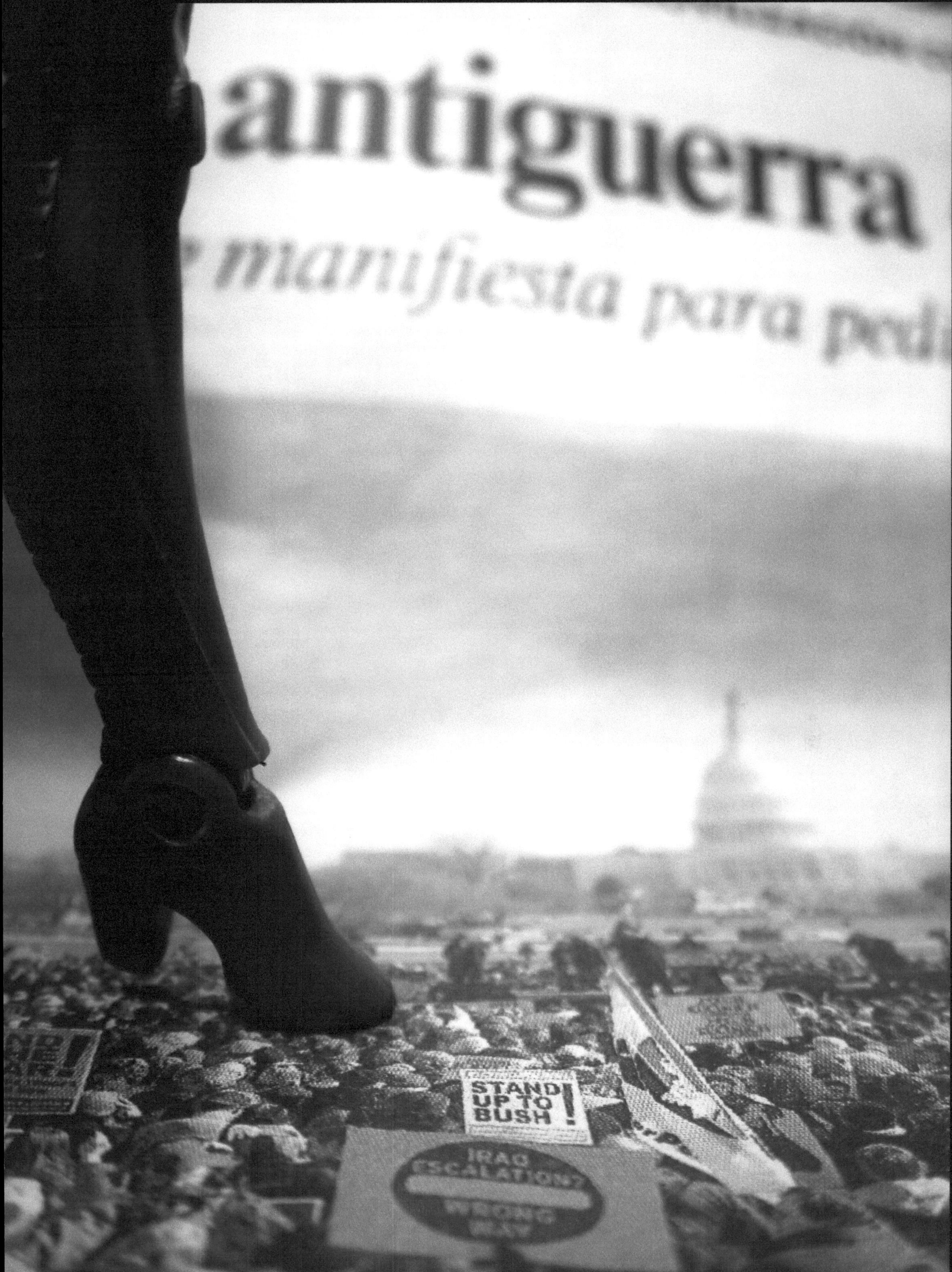

antiguerra
manifiesta para ped
STAND
UP TO
BUSH!
IRAQ
ESCALATION

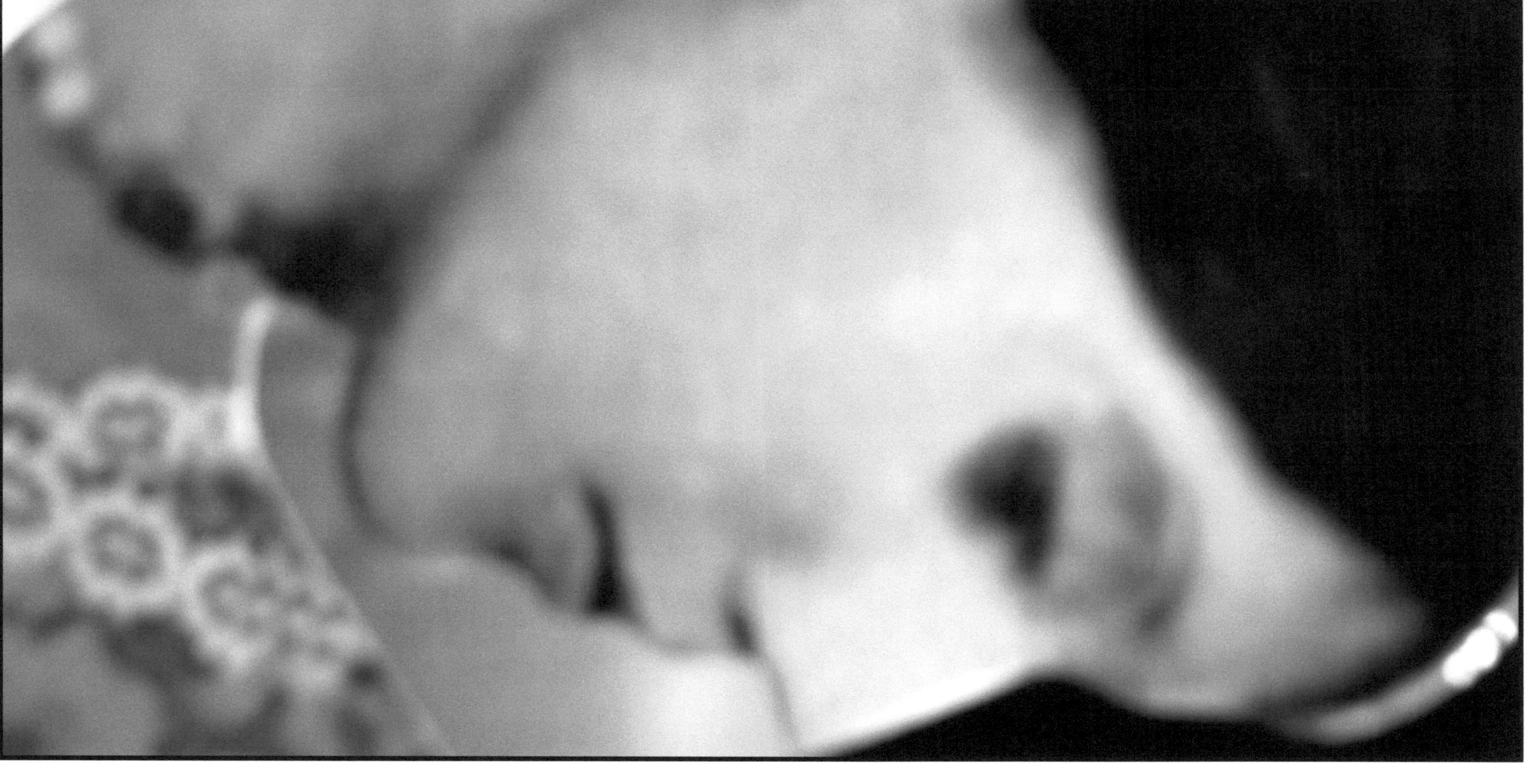

LARA WOOLF

stuffing out of the male
alkyrie shouts, "You have
vengers *assemble* for the final
n, the war cry to *remember* the
e *wall*, *male chauvinist*
alkyrie turns out really
pervillainess who
both sexes
rpose....a
t her magi
nishes. "Sl
all of *u*
swers,
In the last pa
iath are argu
r lesson abo

STOP

combatir el cambio
Guerra
JOSÉ VID

climático
mbio climático que
El prov
que

MY X-RAY VISION CAN SEE THROUGH YOUR FLESH! WHAT SECRET ARE YOU HIDING FROM ME?

featuring
"SHOCKING
SECRET of
LOIS LANE!"

SUPER

WOMEN!

PODER AMAR
ES
EL PODER DE AMAR

"The Shocking
Secret of
Lois Lane!"

SUPERHEROÍNA TEST

¿En la última semana, cuánto tiempo has tenido para ti misma?

    a) De 1 a 7 horas
    b) De 8 a 20 horas
    c) Más de 20

¿Qué es para ti el poder?

    a) Una forma de imposición
    b) Una forma de orden
    c) La autoridad que te otorgan los/las demás?

¿Cuántos libros de mujeres escritoras has leído en el último año?

    a) Ninguno
    b) De uno a tres
    c) Más de tres

¿Cuántas mujeres de tu família son un ejemplo para ti?

    a) Ninguna
    b) Una
    c) Más de una

Cuando te refieres a una autoridad femenina,¿cambias el género a femenino?
(Ej: alcalde / alcaldesa; presidente / presidenta)

    a) No
    b) Ocasionalmente
    c) Sí

El cuerpo es mío y lo gestiono yo

    a) No comparto la idea
    b) De mi pareja también
    c) Totalmente

Cuando tengo un problema personal, prefiero hablarlo con:

    a) Un hombre
    b) Un/a especialista
    c) Otra mujer

¿Cómo solucionas el problema de la violencia de género?

    a) No existe
    b) Voy a la "mani" del 8 de Marzo
    c) Creo iniciativas de educación y sensibilización

¿Cuándo te sientes mejor contigo misma?

    a) Cuando me hacen cumplidos y piropos
    b) Cuando me reconocen mis virtudes
    c) Cuando me siento yo misma

¿Qué roles usas para tener éxito?

    a) Tacones y escote
    b) Me vuelvo virago
    c) Soy yo misma

En una relación con otra mujer eres:

    a) Competitiva
    b) Igual que con un hombre
    c) Solidaria

RESULTADOS

-Mayoría de A) Tómate tu tiempo, mírate al espejo, respira, escápate de roles, reinvéntate y al hacerlo ya habrás aprendido a usar nuevos poderes. Solo una mujer fuerte puede ayudarte y eres tú misma.

-Mayoría de B) Estás en el camino para recuperar y descubrir tu feminidad y tus poderes. Empieza a cambiar tu vida antes de ganar superpoderes y poder cambiar tu mundo.

-Mayoría de C) Eres una SUPERHEROÍNA, tus superpoderes están a "tope". Lo sabes controlar y reconocer. Tu autoridad femenina es un ejemplo para muchas.

*El "superheroína test" es un ejercicio para reflexionar y no tiene ninguna base científica.